Ökobilanz: Grundlagen und Funktion einer Ökobilanz

BETRIEBLICHE UMWELTÖKONOMIE

VON JULIEN WEICHERT

STUDIENARBEIT

HWT UNIVERSITÄT BERLIN

D1574505

Inhalt

1. Einführung

In dieser Hausarbeit beschäftigen wir uns mit dem Thema Ökobilanz. Ziel ist es vor allem aufzuzeigen was eine Ökobilanz ist, welche Arten man unterscheidet, wie sie funktionieren und natürlich warum sie für Unternehmen wichtig sind. Bevor wir allerdings in die Thematik näher einsteigen, möchten wir das komplexe Gebilde „Ökobilanz" näher erläutern. Zahlreiche Interessengruppen zeigen in der heutigen Zeit wachsenden Umweltbewusstseins ein gesteigertes Interesse an Untersuchungen über die Umweltauswirkungen, die von Produkten, Prozessen und Dienstleistungen verursacht werden. Seit dem Johannesburg Gipfel und der Ratifizierung des Kyoto Protokolls im Jahr 2004 durch die Zustimmung Russlands ist die „Nachhaltige Entwicklung" und die Reduktion von Treibhausgasen Bestandteil der umweltpolitischen Ziele der Unterzeichnerstaaten. Die nachhaltige Entwicklung betont den sparsamen Umgang mit nicht erneuerbaren Ressourcen, die Erhaltung der Regenerationszyklen von erneuerbaren Ressourcen, sowie die Erhaltung der Lebensgrundlage des Menschen für nachfolgende Generationen. Die international geäußerten Absichten fordern nun die Umsetzung der Ziele mit Hilfe geeigneter Werkzeug.

Ökobilanzen stellen eines dieser Instrumentarien dar: Sie sind ein wichtiges Instrument, mit dem prinzipiell die Umweltwirkungen des wirtschaftlichen Handelns erfasst werden können.

Die bislang angewendeten Methoden sind noch nicht einheitlich, was die Interpretation von Ökobilanzen erschwert. Dennoch stellt die Ökobilanz mit ihrer Möglichkeit einer umweltbezogenen Bewertung von Ressourcenverbräuchen ein probates Werkzeug zum Erfüllen der globalen Umweltziele der Ressourcenschonung dar.

Als Bilanzobjekte können dabei Produkte, Prozesse und Dienstleistungen sowie ganze Industriestandorte betrachtet werden. In unserer Ausarbeitung werden wir die Grundlagen der Ökobilanz aufzeigen und an dem Beispiel der „Bierherstellung" die Prozess-Ökobilanz näher darstellen.

1. Grundlagen der Ökobilanz

Der folgende Abschnitt dient als Einstieg in die Fragestellung und Thematik. Es werden Begriffe geklärt und definiert, um die doch recht komplexen Strukturen der Ökobilanz besser verstehen zu können.

Als erstes erfolgt eine kurze Einführung in die Geschichte der Ökobilanz. Im zweiten Schritt werden wir uns anschauen was genau hinter dem Begriff Ökobilanz steckt und welche Funktion Ökobilanzen haben.

1.1. Geschichte der Ökobilanz

Ende der 60er Jahre wurde unter dem Bezeichnung „Resource and Environmental Profile Analysis" (Repa) in den USA lebensübergreifende Analysen von Produkten durchgeführt (Hund, Franklin 1996). Die ersten Studien wurden vom Midwest Research Institute und den Franklin Associates für Unternehmen erarbeitet (Curran 1996). Sie wurden jedoch nicht veröffentlicht. Auf Initiative der EPA (Environmental Protection Agency), des amerikanischen Umweltamtes, wurde darauf hin eine Studie vergeben, Verpackungsvarianten zu untersuchen und die Methodik weiterzuentwickeln. Nach weiteren Studien beschloss jedoch die EPA 1975, dass der Ökobilanzansatz zu komplex und nicht praktikabel sei, und der Schwerpunkt verlagerte sich von spezifischen Produkten zu mehr übergreifenden Themen. Gleichzeitig verschob sich durch die Ölkrise die Aufmerksamkeit auf Fragen der rationellen Energienutzung. Von 1975 bis Anfang der 90er Jahre war ein geringes öffentliches Interesse an Ökobilanzen vorhanden. Erst mit Beginn der 90er Jahre wurde die ganzheitliche Produktbewertung unter dem Begriff *Life Cycle Assessment* wieder diskutiert und der erste Workshop der SETAC zu diesem Thema fand im August 1990 in Vermont statt.

Die Entwicklung in Europa verlief ähnlich. In den 90er Jahren bestimmten vor allem die niederländischen Arbeiten am „Centrum voor Milieukunde in Leiden" (CML) die Diskussion und beeinflussten die Arbeiten der SECTAC in Europa. (Gabathuler 1997)

Im November 1993 setzten, vorbereitet durch die Arbeiten der SECTAC, die internationalen Normungsarbeiten ein, und Ökobilanzen sind inzwischen als notwendiges Instrument des Umweltschutzes anerkannt.

Während in den USA der REPA durch den in Europa geprägten Begriff LCA verdrängt wurde, setzte sich im deutschsprachigen Raum der Begriff Ökobilanz durch, obwohl die Bezeichnung Bilanz (Bestandsrechnung an einem Stichtag) nicht zutreffend ist. (vgl. Sundmacher, Thorsten, 2002,S.13ff)

1.2. Abgrenzung von Umweltaspekt und Umwelteinwirkung

Im Zusammenhang mit der Thematik werden die Begriffe Umweltaspekt und Umwelteinwirkung sehr oft verwendet. Daher wollen wir kurz auf die Abgrenzung und Definition dieser Begriffe eingehen.

Unter Umwelteinwirkungen bzw. Umweltaspekten sind alle anthropogen verursachten Belastungen auf die Umwelt zu verstehen.

Umwelteinwirkungen entstehen unmittelbar aus den Tätigkeiten eines Unternehmens. Das ist die sogenannte direkte Umwelteinwirkung. Dieser Ablauf der Umwelteinwirkung ist kontrollierbar. Dazu zählen beispielsweise folgende Umwelteinwirkungen: Luftschadstoffemissionen infolge der Produktion oder

Lokale Einwirkungen durch die Produktion, wie beispielsweise Lärm oder Geruch.

Die indirekte Umwelteinwirkung ergibt sich nur mittelbar aus den Tätigkeiten der Betriebe. Es entstehen Kontakte zu Dritten wie zum Beispiel zu Kunden, Lieferanten oder andere Unternehmen. Deren Tätigkeiten verursachen auch Umwelteinwirkungen, die für das betrachtete Unternehmen indirekte Umwelteinwirkungen darstellen wie zum Beispiel Schadstoffemissionen durch Warenlieferung.

Umweltauswirkungen entstehen infolge von Umwelteinwirkungen. Man kann sie auch als Reaktion der Umwelt auf die Einwirkungen bezeichnen. Umweltauswirkungen könnten sein der Treibhauseffekt, die Eutrophierung (Überdüngung mit Nährstoffen) von Böden und Gewässern oder Versauerung des Bodens. (vgl. Böning,2002, S84ff.)

1.3. Definition: Ökobilanz

Am 30. Juni 2006 wurde die zweite Edition der ISO 14040 sowie die neue ISO 14044 publiziert. Letztere fasst die bisherigen Einzelnormen ISO 14041 bis 14043 zusammen. Die ISO 14044 stellt gemeinsam mit der neuen ISO 14040 den Standard für eine ISO-konforme Ökobilanzierung dar. Ziel dieser Revision der Normenreihe war eine Vereinfachung durch Zusammenfassung, und dadurch eine verbesserte Lesbarkeit. Die Inhalte blieben weitgehend unverändert.

Die Ökobilanz ist in den Normen DIN EN ISO (deutsche, Europäische und internationale Normenstandards) 14040 und14044 festgelegt und wie folgt definiert:

„Die Ökobilanz ist eine Methode zur Abschätzung der mit einem Produkt verbundenen Umweltaspekte und produktspezifischen Umweltwirkungen." (Hopfenbeck, Jasch, 2000, S.17)

Somit ist die Ökobilanz ein Werkzeug, mit dem die Folgen für die Umwelt und dem Menschen, welche durch die Herstellung und den Gebrauch eines Produktes oder die Ausführung einer Dienstleistung entstehen, untersucht werden können.

1.4. Was steckt hinter dem Ökobilanz-Begriff

Wie im vorhergehenden Punkt aufgeführt, ist die Ökobilanz eine Methode zur Abschätzung der Auswirkung eines Produktes und dessen Herstellungsweg auf die Umwelt. Die Aufgabe einer Ökobilanz ist somit, die verursachten Umwelteinwirkungen durch die Produktion eines Unternehmens transparent zu machen und zu bewerten. Ziel ist, das betriebliche Geschehen auf mögliche Risiken und Schwachstellen systematisch zu überprüfen und Optimierungspotentiale aufzuzeigen.

Zu den Umwelteinwirkungen zählt man sämtliche umweltrelevanten Entnahmen aus der Umwelt (z.B. Erze, Rohöl) sowie die Emissionen in die Umwelt (z. B. Abfälle, Kohlendioxidemission). Der Begriff der Bilanz wird bei der Ökobilanz im Sinne von einer Gegenüberstellung verwendet, sie ist nicht mit der Bilanz innerhalb der Buchhaltung zu verwechseln.

Man kann Ökobilanzen für einzelne Produkte aber auch für zwei oder mehrere unterschiedliche Produkte, Produktgruppen, Systeme und Verfahren erstellen.

Bei der Ökobilanz für Produkte beispielsweise wird der gesamte Produktlebenszyklus betrachtet. Also werden von der Herstellung über die Nutzung bis zur Entsorgung des Produktes die Umweltauswirkungen und Umwelteinwirkungen betrachtet. Dabei werden nicht nur Auswirkungen des Herstellungsprozesses berücksichtigt, sondern auch die Entnahme und Aufbereitung der Rohstoffe und der Transport dieser Rohstoffe zum

Herstellungsstandort. Des Weiteren wird die Distribution und der Transport der Fertigproduktes zum Verbraucher in der Bilanz berücksichtigt.

Für die Phase der Nutzung werden zum Beispiel bei einem Computer der Stromverbrauch und damit auch der Schadstoff-Ausstoß beim stromerzeugenden Kraftwerk einbezogen.

Bei der Entsorgung wird das Recycling der Werkstoffe ebenso berücksichtigt, wie die Ablagerung der Abfälle auf Deponien oder ihre Verbrennung.

Ökobilanzen sind in der Regel nicht ausgeglichen, wie man es von einer typischen buchhalterischen Buchhaltungsbilanz erwarten würde. Diese Ungleichheit beruht darauf, da Energie und Stoffverluste, wie z.B. bei Abwärme und Reststoffen in der Produktion nur ungenau oder gar nicht erfasst werden können.

Die Ökobilanz erhebt den Anspruch auf eine umfassende und systematische Auflistung aller möglichen Umwelteinwirkungen eines Unternehmens. (vgl. Sietz, Seuring 1999, S25ff)

2. Funktion der Ökobilanz

Ökobilanzen bilden die verursachten Umweltbeeinflussungen ab, die durch die untersuchten Produkte, Verfahren und Dienstleistungen entstehen.

Die Frage, welche Daten für eine konkrete Ökobilanz bereitzustellen sind, muss bei jedem neuen Ökobilanz-Projekt zwischen den Beteiligten diskutiert und entschieden werden.

Sie liefern kein abschließendes Urteil über die Umweltverträglichkeit eines Produkts und erst recht keine abschließende "punktgenaue" Handlungsanweisung.

Ökobilanzen bilden dynamische Prozesse ab, die von sich ändernden Rahmenbedingungen und technologischer Innovation geprägt sind. Wichtig für die Unternehmen sind ökologische Untersuchungsverfahren, die einerseits kritische Fälle - ökologische Schwachstellen - sicher identifizieren und als Kompass zur Entwicklung langfristig nachhaltiger Strategien dienen können. Zugleich benötigen Unternehmen Werkzeuge, um Chancen am Markt, welche sich durch eine ökologische Orientierung von Verbraucherentscheidungen bieten, innovativ nutzen zu können. Ferner bietet dieses Instrument Unternehmen wesentliche Chancen in der Kommunikation mit den Verbrauchern, der Politik und gesellschaftlichen Interessengruppen. (vgl. Hopfenbeck, Jasch,2000, S. 63ff)

Ihre wichtigsten Funktionen:

- Sie können von den Herstellern zur Entwicklung von umweltverträglichen Produkten genutzt werden.

- Sie sind eine Hilfe für politische Entscheidungsprozesse, so zum Beispiel bei der Diskussion über die Verpackungsverordnung und die Mehrwegquote, bei der die Ökobilanz für Getränkeverpackungen eine Rolle spielt.

- Sie können auch das Marketing von Unternehmen beeinflussen, zum Beispiel, indem Unternehmen durch eine Ökobilanz die Umweltverträglichkeit ihrer Produkte bewerten und mit den Ergebnissen der Ökobilanz werben.

(vgl. G. Etterlin, P. Hürsch, M. Topf, 1999,S 62)

Ökobilanzen spielen eine zunehmend wichtige Rolle in der politischen Diskussion um die ökologischen Profile von Produkten und Produktionsprozessen. Sie bieten die Möglichkeit, über den gesamten Lebensweg hinweg Umweltauswirkungen und die sie bestimmenden Momente zu analysieren und damit Grundlagen für Entscheidungen bereitzustellen.

Dies geschieht in Unternehmen, aber auch in Politik und Öffentlichkeit. Ökobilanzen bergen damit Chancen, aber auch Risiken in der umweltpolitischen Diskussion.

Die Ökobilanz wird aus der Sicht des Umweltschutzes, ohne Abwägung mit ökonomischen und sozialen Auswirkungen erstellt. Es ist aber klar, dass die Ergebnisse von

Ökobilanzen nur ein Aspekt im Rahmen der komplexen Entscheidungsprozesse in Staat, Wirtschaft und Gesellschaft sein können. Die Ökobilanz-Ergebnisse müssen zusätzlich mit ökonomischen und sozialen Faktoren zusammengefügt werden. (vgl. Hopfenbeck, Jasch,2000, S. 64-67)

3. Arten der Ökobilanz

Wie bereits im Abschnitt 2.4 dargestellt, können Ökobilanzen für verschiedene Objekte durchgeführt werden. Wesentlich können dabei unterschieden werden:

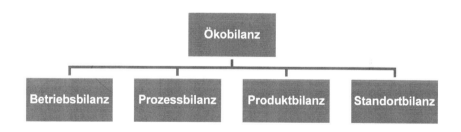

Abb.1 : vier Elemente der Ökobilanz

Die *Betriebsbilanz* oder auch Input-Output-Bilanz des Betriebes genannt, bezieht sich auf eine Produktions- oder Unternehmensstätte, d.h. auf eine organisatorische oder betriebliche Einheit.

Diese Einheit wird als ,,Black Box" gesehen, da keine Analyse der innerbetrieblichen Vorgänge stattfindet. Die Bilanz konzentriert sich auf den Input und Output an Energien und Stoffen des Unternehmens. Auf der einen Seite werden die betrieblichen Inputs getrennt nach Stoffen (Materialien) und Energien dargestellt.

Auf der Outputseite werden die Produkte und die stofflichen und energetischen Emissionen erfasst. Mittels dieser Darstellungsform wird ein quantitativer Überblick über die im Betrieb eingesetzten Stoffe und Energien geschaffen.

Es handelt sich also um eine Analyse, die nicht nur das vermarktete Produkt, sondern auch die entstehenden Nebenprodukte, Abfälle und Emissionen erfasst (siehe Abb. 2).

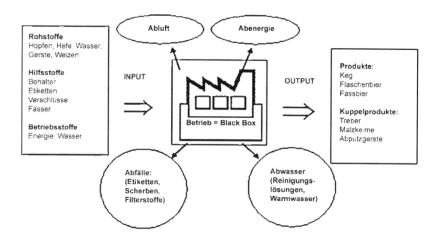

Abb.2 Betriebsbilanz: Quelle: http://www.uwi.jku.at

Als Input werden dabei die in das System, Produktions-
oder Unternehmensstätte, hineinfließenden Elemente
bezeichnet. Das sind die Verbrauchsstoffe, die vom Betrieb
eingekauft werden und dann (in Berücksichtigung von
Lageraufbau und Lagerabbau oder direktem Weiterverkauf)
in den Produktionsprozess einfließen (zur Umwandlung in
unfertige bzw. fertige Erzeugnisse).

Im Bezug auf unseren später aufgeführten Fallbeispiel der
Brauerei sind dies zum Beispiel Rohstoffe (Gerste, Hopfen,
Wasser), Hilfsstoffe (z.B. Flaschen, Etiketten) oder
Betriebsstoffe für die Bierproduktion (z.B. Gas, Heizöl,
Reinigungsmittel usw.).

Als Output bezeichnet man die Elemente, die aus dem
System herausströmen wie zum Beispiel das Produkt an sich
(Bier in Flaschen oder Fässern) oder Umwelteinwirkungen

15

wie Abwasser, Abwärme, Abfälle etc.(vgl. Jasch, 1999, S.34ff)

Die *Prozessbilanz* ist eine Untergliederung der Betriebsbilanz in einzelne verfahrenstechnische Schritte und untersucht Verfahrensabläufe nach einzelnen Fertigungsstufen.

Die Bilanz soll einen Einblick in die betriebsspezifischen Abläufe sichern. Dies setzt eine detaillierte Betrachtung der einzelnen Produktionsschritte voraus. Es werden die Prozessschritte definiert und die für die jeweiligen Prozessschritte entscheidenden Input-Output Ströme ermittelt. Dabei wird hauptsächlich auf die Erfassung der vom einzelnen Prozessschritt direkt verursachten bzw. ihm zuzuordnenden Umweltbelastungen (beispielsweise Abfall, Abwärme, Abwasser, Abluft) sowie der damit verbundenen Produktivitätsverluste Wert gelegt. Das heißt, dass beispielsweise die durch die betriebliche Bereitstellung von Energie bedingten Emissionen auf die jeweiligen Prozessschritte übertragen werden und in die Bewertung mit einfließen. (siehe Abbildung 3)

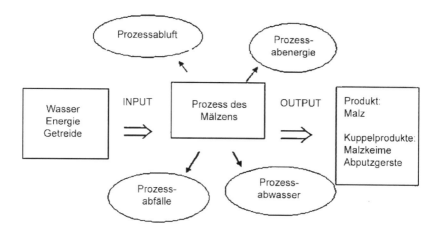

Abb.: 3 Prozessbilanz -Quelle: http://www.uwi.jku.at

Maschinen und maschinelle Anlagen werden in dieser Bilanz nur im Betriebszustand auf mögliche Umweltauswirkungen untersucht (also in erster Linie die Emissionen und der Einsatz von Betriebsstoffen und Ersatzteilen).Die Maschine selbst, ihre Materialzusammensetzung, Herkunft und Verbleib dieser Materialien könnte aus dem Grund, dass es hier um in der Regel langlebige Wirtschaftsgüter handelt und der Nachschub(z.B. Ersatzteil) in großen Abständen erfolgt, ausgeklammert werden.

Für die Datengewinnung werden die im Unternehmen vorhandenen prozessbezogene Stoff- und Energiestatistiken herangezogen. Eine weitere Methode für die Datenerkenntnis ist die manuelle Datenerhebung mit Hilfe von Checklisten und in Form eines Gesprächs mit zuständigen Mitarbeitern. Dabei werden gleichzeitig

Schwachstellen angesprochen und Alternativen können diskutiert aus ausgewählt werden.

Wird der Betrieb als Betrachtungsweise verlassen und das einzelne Produkt als Bilanzraum herangenommen, kommt es zu einer Betrachtung über den Produktlebenszyklus hinaus. Die Produktbilanz erweitert das Betrachtungsfeld also um die vor- und nachgelagerten Lebenszyklusstufen. (vgl. Jasch, 1999, S.37)

Die **Produktbilanz** (engl. Life Cycle Assessment, LCA). wird in zwei Phasen aufgestellt. Die erste Phase ist die Vorstufenanalyse. In dieser Phase wird der Weg der Produkte von der Phase der Rohstoffgewinnung (siehe Abbildung 4) über verschiedene Transporte und Weiterveredelungsprozesse bis zur Anlieferung in das Warenlager bzw. direkt in die Produktion untersucht. In der zweiten Phase, der Nachstufenanalyse, wird der Materialfluss über den Handel, Transporte, Konsum bis zur Nachkonsumphase, also Entsorgung- Recycling, verfolgt. Dabei werden die Fragen der Ressourcenschöpfung, des Energieverbrauchs der Transportmittel und Emissionen, Anbaumethoden nach Umweltbelastungen analysiert.

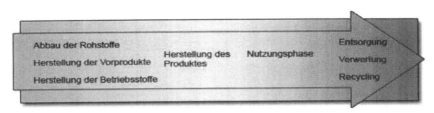

Abb.:4 Produktlebensweg - Quelle: http://www.uni-siegen.de

Die Produktbilanz bilanziert somit die Umweltauswirkungen eines Produktes über den gesamten Lebensweg, von der Rohstoffgewinnung bis zur Entsorgung („von der Wiege bis zur Bahre").

Einige Daten wie z.B. Transport der Rohstoffe sind fast nur außerhalb des Betriebes zu finden. Das bedeutet, dass Informationsquellen außerhalb des Betriebes zu suchen sind. Ansprechpartner wären beispielsweise Lieferanten.

Jedoch hat sich gezeigt, dass die Anschreiben an Lieferanten nur zum Teil oder gar nicht beantwortet wurden. Somit fehlen wichtige Daten um die Produktbilanz richtig aufzustellen und wohlmögliche Schwachstellen zu verbessern. (vgl. Jasch, 2000, S. 38)

In der letzten von insgesamt vier Teilbilanzen, der *Standortbilanz*, werden die betrieblichen und standortbedingten Strukturen untersucht, die nicht direkt mit der Produktion in Verbindung stehen. Dieser Bilanzansatz entspricht im Wesentlichen der Vorgangsweise bei der Umweltverträglichkeitsprüfung und der Störfallanalyse. Erfasst werden die strukturellen Eingriffe des Betriebsstandortes auf die Umwelt und daraus entstehenden Risiken. Betrachtet werden zum Beispiel die Nutzung der Bodenflächen und Umweltressourcen, die Eingriffe in die Landschaftsstruktur sowie die ökologischen Dimensionen von Anlagevermögen und Lagerbeständen und damit verbundenen Unfall- und Haftungsfragen.

Dies sind zum Beispiel in der Prozessbilanz nicht analysierte Betriebswerkstätte, Abwasserreinigungsanlagen, eigene Betriebsenergieversorgungsanlagen. Des Weiteren sind allgemeine Verwaltungseinrichtungen und -materialien (beispielsweise Bürogeräte, -material, -ausstattung, Kantine), Fuhrpark und Verkehrsmittel und Grundstückbeschaffenheit (Grünfläche und Flächennutzung) zu nennen.

Aufgrund ihrer Vielfältigkeit ist die Standortbilanz für Unternehmen am umfangreichsten und erfordert ein sehr breites Fachwissen. Die Untersuchungsintensität und der Umfang im Standortbereich hängen sehr stark von der Art des Betriebes ab. Beispielsweise ist in einem handwerklichen Betrieb (z .B. Lackiererei) sicherlich die Abfallwirtschaft ein wichtiger Faktor in der Ökobilanz, während bei einem verwaltungstechnischen Betrieb wie zum Beispiel in einer Bank Büroausstattung, Büromaterial sowie die Gebäudesubstanz intensiver zu untersuchen sind.

Mit betriebsbezogenen Checklisten, durch Arbeitergruppen-gespräche ergänzt durch Einzelinterviews können die erforderlichen Daten für die Erstellung der Standortbilanz gewonnen werden. Desweiteren wollen wir kurz auf die Probleme der Informationsdefizite, die sowohl bei der Erfassung betriebsspezifischer als auch außerbetrieblichen Daten eine Rolle spielt, eingehen.

Die Erfassung und Kenntlichmachung von Datendefiziten sind wichtige Punkte für die Auswertung der Ergebnisse und die darauf folgenden Entscheidungen. Die Defizite im Inputbereich bei der Datenerfassung in der Betriebsbilanz sind auf unzureichende Hintergrundinformationen über die genaue Beschreibung der eingesetzten Stoffe und Produkte zurückzuführen. Die Informationen von Produkten leiden oft an zu weniger Aussagekraft und Aktualität.

Die für die Prozessbilanz angesetzte Prozessstufengliederung entspricht in vielen Fällen nicht der vorliegenden Betriebsstrukturen und den damit vernetzten betrieblichen Informationssystemen.

Die Zuordnung von Energie- und Stoffströmen ist somit nicht immer genau möglich und muss durch Abschätzungen und Erfahrungswerte komplettiert werden. Ein Informationsmangel in der Produktbilanz ist die große Vielfalt der Informationen, die in dieser Bilanz benötigt und gefordert werden. Der gesamte Lebenszyklus eines Produktes wird mit dessen Umweltauswirkungen untersucht. Dafür benötigt man die Daten ab Rohstoffgewinnung bis zu Entsorgung des Produktes. Es wird daher eine hohen Anzahl an relevanten Informationen für die Aufstellung und späteren Auswertung der Produktbilanz benötigt, das nur mit hohen Arbeits- und Zeitaufwand zu bewerkstelligen ist. Dazu kommt die Zurückhaltung der Zulieferindustrien auf die Anfrage der Unternehmen zur Herkunft und Verarbeitungsprozesse ihrer Produkte. Viele Zulieferer Antworten auf die Datenanfrage der Unternehmen gar nicht. Somit kommt es zum Datenmangel und die Bilanz kann nicht exakt aufgestellt werden. (vgl. Müller-Wenk, 2002, S.48ff)

4. Aufbau der Ökobilanz

Beim strukturellen Aufbau einer Ökobilanz besteht inzwischen ein Konsens zugunsten eines Standardmodells, das in der nachfolgend dargestellten bzw. ähnlichen Form weltweit von maßgebenden Institutionen befürwortet wird. Das Standardmodell umfasst die folgenden Teilschritte: (vgl. UBA ,1995, S.1)

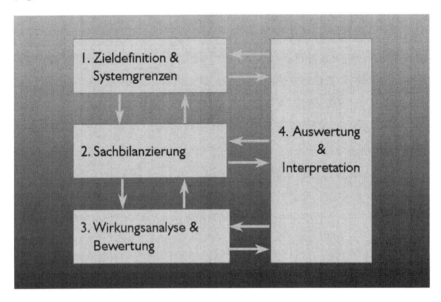

Abb.: 5 Bestandteile einer Ökobilanz

Quelle: http://www.umweltschutz-bw.de

Im ersten Schritt erfolgt mit der **Zieldefinition** die Entscheidung für die untersuchte Fragestellung (Erkenntnisinteresse). Der beabsichtigte Anwendungszweck und die angesprochenen Zielgruppen werden aufgeführt. Auf diesem Schritt folgend wird der Untersuchungsrahmen ausgewählt und festgelegt. Das bedeutet, dass man Abschneide-Kriterien für die Untersuchung festlegt und somit eine Grenze für die Untersuchung zieht. Die Absteckung der Untersuchungsrahmens umfasst die Berücksichtigung einer Vielzahl von Punkten. Zur Vermeidung von Missverständnissen und Widersprüchen erfolgen hier die Festlegung der räumlichen und zeitlichen Systemgrenzen und zum anderen die Bestimmung der funktionellen Einheit sowie die Bezugsgröße der Ökobilanzierung. Auf dieser Bezugsgröße werden die Stoffströme des Bilanzraumes skaliert und die Umwelteinwirkungen erläutert. (vgl. Sietz, Seuring, 1997, S16)

In der anschließenden *Sachbilanz* werden alle Stoff- und Energieströme innerhalb der zuvor festgelegten Bilanzgrenzen bzw. Systemgrenzen quantitativ erfasst.

Das aus ihr die Daten relevanter Input- und Outputflüsse zu entnehmen sind, wird die Sachbilanz auch als „quantitatives Herzstück" (Hopfenbeck, Jasch, 2000, S. 205) bezeichnet. Hier werden die physikalischen Größen gemessen und erfasst (wie z.B. Rohstofferschließung/ Rohstoffverarbeitung, Produktion, Distribution, Produktgebrauch/ Produktionsverbrauch, Recycling oder Entsorgung des Produktes).Im Bezug auf unser Praxisbeispiel der „Bierherstellung" (Prozessbilanz) werden in den einzelnen Schritten der Bierherstellung die Daten erfasst, die im Zusammenhang mit Umweltbelastungen stehen wie z.B. Rohstoffeinsatzmenge, Emissionsausstoß, Abfallmenge etc. (siehe Abbildung 5).

Output		2001	2002	2003	Einheit	Trend
3.	Emissionen					
3.1	Abwasser	33.589	30.033	27.196	m³	↓
3.2	Wasserdampf	577,20	568,60	595,80	t	↑
3.3	Staub/Ruß	150	87	56	kg	↓
3.4	CO	22	22	17	kg	↓
3.5	CO_2	1.121	1.157	874	t	↓
3.6	SO_2	968	780	302	kg	↓
3.7	NO_x	1.007	996	713	kg	↓

Abb.: 6 Beispiel eines Auszugs aus der Sachbilanz

Das Ergebnis der Sachbilanz sind Datensätze, die Angaben über Rohstoffe, Energien, Abfälle und Emissionen beinhalten. Diese Datensätze stellen eine wichtige Informationsbasis dar, da diese Ansatzpunkte für Verbesserungsvorschläge gelten können. Die Vollständigkeit der Datenerfassung ist ebenso von entscheidender Bedeutung wie die Vergleichbarkeit der Daten verschiedener Alternativen. Dieser Bestandteil der Ökobilanz ist für Industrieunternehmen in der Regel der wichtigste Teil, da die Erfassung der Daten innerbetrieblich gut und unkompliziert möglich ist. Die in diesem Teil gewonnen Einblicke ins Betriebsgeschehen können direkt in die Optimierungsansätze einfließen. Bei der Erfassungsgenauigkeit der Daten werden aufgrund der Wirtschaftlichkeit Grenzen gesetzt, weil eine genaue und präzise Datengewinnung nur mit großem Kostenaufwand möglich ist. (vgl. Sietz, Seuring,1997, S. 17)

In der **Wirkungsanalyse** als drittem Schritt (siehe Abb.5) einer Ökobilanz werden die Daten aus der Sachbilanz dann ausgewertet. Dieser Schritt besteht aus mehreren Teilschritten. Im Rahmen der Wirkungsbilanz (Wirkungsanalyse) werden die in der Sachbilanz gewonnen Daten hinsichtlich ihrer Umweltauswirkung analysiert und in spezifischen Wirkungskategorien (zum Beispiel: Treibhauseffekt, Versauerungs- potential) hinsichtlich ihrer Umweltwirkung zusammengefasst. Diese Datenzuordnung zu Wirkungskategorien bildet den ersten Teilschritt (Klassifizierung) der Wirkungsbilanz.

Der zweite Teilschritt der Wirkungsbilanz ist die Charakterisierung.

Dabei werden Wirkungskategorien gebildet und der Beitrag zur jeweiligen Kategorie mittels Gewichtungen festgelegt. Wirkungskategorien könnten beispielsweise sein Boden-Eutrophierung, Smog, Bodenversauerung oder der Treibhauseffekt.

Jede Wirkungskategorie ist durch einen oder mehrere Wirkungsindikatoren charakterisiert. So wird die Kategorie „Treibhauseffekt" charakterisiert durch den Wirkungsindikator „Kohlendioxid (CO_2)-Äquivalente".

Daten wie von CO_2 (Kohlenstoffdioxid) und N_2O (Stickstoffoxid) könnten der Kategorie „Treibhauseffekt" zugeordnet werden. Mit Hilfe des GWP (Global Warming Potential), einer Maßzahl die den Beitrag eines bestimmten Gases zum Treibhauseffekt ausdrückt, wird Kohlenstoffdioxid und Stickstoffoxid zueinander gewichtet. Von zentraler Bedeutung bei der Wirkungsabschätzung ist die Bewertung der Wichtigkeit der einzelnen Wirkungskategorien untereinander.

Die unterschiedlichen Umweltwirkungen müssen verglichen, abgewogen und nach ihrer Wichtigkeit geordnet werden, um zu vergleichenden Aussagen kommen zu können.

Die einzelnen Wirkungskategorien können gegeneinander mit verschiedenen Methoden gewichtet werden, z.B. durch die Methode Eco-Indikator (EIP) werden die einzelnen Klassen hinsichtlich ihrer Schädlichkeit gegenübergestellt und dann nach ihrer Wichtigkeit für die Umwelt mit einem Wert geordnet.

Im vierten und letzten Schritt, der abschließenden **Auswertung** der Ökobilanz werden die Ergebnisse der Sachbilanz und der Wirkungsanalyse zusammengeführt das bedeutet, dass die einzelnen Umweltauswirkungen miteinander verglichen, abgewogen und anschließend zu einem Gesamtergebnis zusammengefasst werden. Dabei werden die Ergebnisse der Sachbilanz und Wirkungsbilanz mit Hilfe von bestimmten Beurteilungskriterien bewertet. Das Ziel der Bilanzbewertung ist, die Umweltbeeinflussungen und Umweltwirkungen in ihrer Bedeutung zu einander zu gewichten, Schwachstellen zu identifizieren und damit Schlussfolgerungen und Empfehlungen für die Politik, die Produzenten und anderen Beteiligten ableiten zu können.

Allerdings muss ebenfalls erwähnt werden, dass es sehr schwer ist einzelne Umweltaspekte und Umweltbelastungen gegeneinander aufzuwiegen und sich zu entscheiden, welche Umweltbelastungen durch Maßnahmen beseitigt oder verringert werden sollen. Denn die subjektive Wertung spielt eine große Rolle.

Ist der Treibhauseffekt ein größeres Umweltproblem als die Versauerung? Ist es schädlicher für die Umwelt, wenn Naturfläche versiegelt oder wenn Gewässer überdüngt werden? Aus naturwissenschaftlicher Sicht lassen sich diese Fragen nicht beantworten. Natürlich basieren solche Bewertungen auch auf fachlichen Grundlagen. Doch spielen Werturteile die Hauptrolle. (vgl. Böning, 2000, S. 85)

In der Praxis werden mehrere Verfahren zur Bewertung von Umweltauswirkungen angewandt. Wir gehen in unserer Hausarbeit auf die ABC- Methoden ein. Mit Hilfe der ABC Methode werden Umwelteinwirkungen verschiedener umweltrelevanter Faktoren eines Untersuchungsraumes anhand vorher festgelegter Kriterien über ein ABC-Klassifizierungsschema erfasst. Diese Methode liefert nicht numerische quantifizierte Größen, sondern stuft die Umweltwirkungen aufgrund subjektiver Einschätzung nach ihrer Dringlichkeit des Handlungsbedarfs ab.

Die vorher festgelegten Beurteilungskriterien ist die Einhaltung der umweltrechtlichen Rahmenbedingungen, die gesellschaftliche Anforderungen und Akzeptanz, die Beeinträchtigung der Umwelt durch potenzielle Störfälle und die Beeinträchtigung der Umwelt im Rahmen der vor- und nachgelagerten Prozesse. (vgl. Sundmacher, 2002, S.55ff.)

Eine A- Einstufung erfolgt, wenn ein ökologisches Problem einen hohen und dringlichen Handlungsbedarf hinweist (zum Beispiel die Missachtung von Grenzwerten, Einsatz verbotener Stoffe). Bei B- Fällen ist der Handlungsbedarf weniger akut und bei C- Fälle werden als unbedenklich charakterisiert (zum Beispiel vorschriftsmäßiger Einsatz von Stoffen, Anlagen, Maschinen etc.).

5. Grundsätze Ordnungsgemäßer Ökobilanzierung

Für die sinnvolle Anwendung von Ökobilanzen müssen gewisse Voraussetzungen erfüllt sein. Die Ziele dieser Voraussetzungen sind die Vereinheitlichung von Bilanzen, so dass die Kommunikationsfunktion der Bilanz nach innen (Beschäftigte /Management) und nach außen (Gläubiger, Kunden, Lieferanten) verbessert wird.

Die erfassten und verwendeten Daten in der Ökobilanz müssen eindeutig und nachvollziehbar sein. Man muss erkennen können woher die Daten stammen. Daher ist der Grundsatz der Richtigkeit und Transparenz von wichtiger Bedeutung. Ein weiterer Grundsatz ist die Vollständigkeit. Eine vollständige Input und Outputanalyse kann nur durch eine Berücksichtigung aller Vorfälle im Betrieb bewerkstelligt werden. Bei diesem Grundsatz ist jedoch anzumerken, dass die Erfassung aller Stoff- und Energieflüsse zeitaufwendig ist und somit die Verwirklichung dieses Grundsatzes sehr schwierig ist. Auch in dem Fall der Ökobilanzierung ist das Prinzip des Gläubigerschutzes und der Vorsicht aus dem kaufmännischen Denken stammend, verwendbar. Unternehmen, die durch ihre Betriebstätigkeit eine große Gefährdung für die Umwelt darstellen, werden von

Umweltregelungen und –auflagen betroffen sein. Drastische Auswirkungen auf dem unternehmerischen Erfolg könnten die Folge sein, so dass für die Gläubiger bei Entscheidungen über Geldanlagen oder Kreditvergaben die Ökobilanz als Hilfestellung dienen kann.

Der Grundsatz der Stetigkeit und Stabilität „fordert", dass die Ergebnisse und Ansätze von Jahr zu Jahr vergleichbar sein müssen, damit eine Aussage über den jeweiligen Entscheidungshorizont gültig bleibt. Da Umweltwissenschaften permanent neue Erkenntnisse hervorbringen und Aussagen somit überprüft werden müssen, stellt sich der Grundsatz der Stetigkeit und Stabilität eher als schwierig. (vgl. Müller-Wenk, 2002, S.26ff)

6. Praxisbeispiel „Bierherstellung"

In diesem Teil unserer Hausarbeit werden wir die Prozessbilanz anhand der Bierherstellung näher erläutern und aufzeigen auf welche Umwelteinwirkungen und Umweltauswirkungen einzugehen ist, die während der Produktion des Bieres auftreten. Unternehmen führen Maßnahmen durch, um Umwelteinwirkungen und Umweltauswirkungen so gering wie möglich zu halten und zu reduzieren. In unserer Hausarbeit werden wir auf mögliche Umwelteinwirkungen und Umweltauswirkungen eingehen, die ohne entsprechende Maßnahmen eintreten könnten.

Der 1.Prozess der Bierherstellung ist die *Wasseraufbereitung.*

Das fertige Bier besteht fast 90 Prozent aus Wasser. Die Qualität und Beschaffenheit von Wasser zum Brauen ist von entscheidender Bedeutung für die Qualität beim Bier. Die Brauerrein stellen an ihr Brauwasser, in der Regel höhere Anforderungen, als der Gesetzgeber sie an Trinkwasser stellt. Wasser ist dabei keineswegs gleich Wasser. Vor allem der sehr unterschiedliche Gehalt an verschiedensten Salzen (z.B. Calcium- und Magnesiumsalze) wirkt sich den Charakter des jeweiligen Brauwassers und verleiht ihm je nach „Härte" eine besondere Eignung für die jeweiligen Biersorte.

Zu hartes Wasser hat einen zu hohen Salzgehalt. Die Härte des Wassers hat insofern Einfluss auf den Charakter des

Bieres. Hartes Wasser kann dazu führen, dass das Bier zu dunkel wird und das Bier einen bitteren Hopfengeschmack annimmt. Für die Wasseraufbereitung wird das Wasser aus Tiefbrunnen entzogen und in Tanks aufbewahrt. Für die Aufbereitung wird Energie eingebracht um die Qualität des Wasser und somit des Bieres zu garantieren. Bedingt durch den Energieverbrauch, steigt der CO_2-Ausstoß und somit auch der Treibhauseffekt. Eine weitere zu berücksichtigende Umwelteinwirkung des Wasseraufbereitungsprozesses ist das Abwasser.

Aufgrund der schädlichen Reste und Filterstoffe (Hilfsstoffe wie textile Filter/Baumwollfilter; Kalkmilch zur Wasserenthärtung) im Abwasser könnten Schädlinge zum einen in den Boden gelangen und zur Versauerung des Bodens führen. Aber auch das Trinkwasser würde durch giftige Schädlinge verschmutzt werden.

Der 2.Schritt der Bierherstellung ist das *Mälzen*.

Das Endprodukt dieses Prozessschrittes ist das Malz. Es wird aus Gerste, Weizen oder Roggen gewonnen. Zunächst muss das Getreide in Einweichbehältern gewaschen werden. In der Mälzerei werden die Getreidekörner durch Zugabe von Wasser zum Keimen gebracht. Nach einer Woche wird die Keimung unterbrochen: Die Gerste wird zu Darrmalz getrocknet (gedarrt).Das geschieht durch das Entziehen des Wassers und durch stoppen der Keimung. Dies geschieht bei Temperaturen von 85 bis rund 100 Grad Celsius.

Der nächste und letzte Schritt im Malzprozess ist das Entkeimen das heißt, das Trennen des Malzes von den Keimlingen. Eine Umwelteinwirkung des Mälzens ist die Abwärme die während der Darre entsteht.

Wie oben genannt wird bei einer Temperatur zwischen 85 Grad Celsius bis 100 Grad Celsius die Gerste in Kesseln getrocknet. Dabei wird Abwärme erzeugt. Abwärme ist der bei der Kraft- oder Wärmeerzeugung oder bei chemischen Prozessen anfallende Anteil an Wärmeenergie, der ungenutzt in die Umwelt entweicht. Die Reaktion der Umwelt auf diese Einwirkung ist die Erderwärmung. Es wurde herausgefunden, dass in Ballungsgebieten die Abwärme zu einem mittleren jährlichen Temperaturanstieg von 1Grad Celsius führt. Bei der Anlieferung, dem innerbetrieblichen Transport und bei der Verarbeitung des Malzes in der Brauerei entsteht durch das Aneinander reiben von Malzkörnern Staub (der sogenannte Spelzen Abrieb).

Der hier entstehende Staub gelangt in die Luft mit Einwirkungen auf die Umwelt wie z.B. Schädigung von Pflanzen durch Verschmutzung von Blättern und Schädigung ihrer Spaltöffnungen oder Veränderung des pH-Wertes des Bodens. Aber auch beim Menschen kann diese Staubentwicklung Gesundheitsschädigungen durch Staubablagerung in den Lungenbläschen hervorrufen.

Der nächste der Bierherstellung ist das *Sudhaus*.

Die Malzkörner werden zuerst zerstoßen (Schrotung) und dann in Wasser gegeben. Diesen Vorgang nennt man Maischen. Diesem Mahlgut wird in der Maischpfanne heißes Wasser (35 bis 50° C) hinzugefügt, das allmählich auf 75° C erhitzt wird. Bei dieser Temperatur beginnen die Enzyme zu reagieren; sie wandeln die Stärken in Zucker und die Proteine in Aminosäuren um (die als Nahrung für die Hefen benötigt werden). Diese Mischung ergibt eine sehr warme Lösung. Diese Flüssigkeit wird von den Spelzen der Gerstenkörner und Keimlingen, die sich auf dem Boden des Braubottichs absetzen, auf natürliche Weise getrennt. Diesen Vorgang nennt man Läutern (1. Filtrierung). Auf diese Weise erhält man eine Flüssigkeit mit den gelösten Stoffen, die so genannte Würze. Die trockenen, festen Kornrückstände bezeichnet man als Treber, der im Allgemeinen als Viehfutter verwendet wird. Die gefilterte Würze gelangt dann in den Braubottich, in den man den Hopfen hinein gibt. Durch den Kochvorgang werden die Enzyme zerstört und wird die Würze erwärmt. Danach muss die Würze abgekühlt und geklärt werden, bevor man die Hefe zuführen kann.

Eine wichtige Umwelteinwirkung in diesem Prozess ist die Geruchsemission.

Durch die permanente Erhitzung des Wassers kommt es zur Verdampfung. In diesem Verdampfungsprozess werden sehr geruchsintensive Dämpfe freigesetzt, die in die Atmosphäre gelangen und zur Geruchsbelästigung der Anwohner führen.

Dem Würzeherstellungs- und dem Kühlprozess schließt sich der Prozess der *Gärung und Reifung* an, der in zylinderförmigen Gärtanks abläuft.

Die Hefe benötigt zur Vermehrung Sauerstoff. Die bei der Gärung eingesetzte Hefe vermehrt sich um das 2 bis 3 fache. Dazu muss die Hefe in der kalten Würze intensiv belüftet werden. Die Würze wird sofort nach dem Abkühlen beim Transport in den Gärtank im Durchfluss über Düsen belüftet.

Der Hauptvorgang bei der Gärung ist die Umwandlung von Zucker in Alkohol und Kohlensäure. Dabei bilden sich Gärungsnebenprodukte, die den Geschmack und den Geruch des Bieres wesentlich beeinflussen. Die Bildung und der teilweise Abbau dieser Nebenprodukte sind eng mit dem Stoffwechsel der Hefe verbunden.

Durch die einsetzende Gärung wird Wärme frei, die abgeleitet werden muss. Das bedeutet, dass während der Gärung ständig gekühlt werden muss. Die Gärung dauert insgesamt ca. 7 Tage (Befüllung bis Entleerung des Gärtanks).

Zum Ende der Gärung setzt sich die Hefe auf dem Boden des Tanks ab. Die Hefe wird nach der Abkühlung des Tankinhalts zuerst aus dem Boden abgezogen und in getrennten Hefetanks gekühlt gelagert.

Die in diesem Prozess heraus stechende Umweltbelastung ist die permanente Kühlung. Die Abkühlung geschieht in großen Kälteanlagen, die wiederum mit Strom versorgt werden müssen. Eine Auswirkung dieses Stromverbrauch ist wie schon oben genannt die CO2-Emission , die somit ein Beitrag zum Treibhauseffekt hat.

Die im Gärprozess eingesetzte Hefe vermehrt sich um das zwei- bis dreifache. Die sich daraus ergebende Überschusshefe wird vom Bier abgetrennt. Es ist sozusagen der Abfall dieses Prozesses. Jedoch sammeln viele Brauereinen diese Hefe und geben diese an die Landwirtschaft als Futtermittel ab.

Das sogenannte Jungbier lagert nun vor der Abfüllung in Lagertanks ca.3 Wochen. Für die Lagerung des Bieres ist wiederum Energie für die optimale Temperatureinhaltung nötig. Hier wird die Umwelt wieder mit der CO_2 Emission konfrontiert. Diese Tanks gehören zu den größten Stromverbrauchern des Brauprozesses. Bevor das Bier abgefüllt werden kann, muss es von allen Trübungsstoffen befreit bzw. filtriert werden. Die Bierfiltration ist der letzte qualitätsbestimmende Schritt des Brauvorganges. Dieser Vorgang geschieht mit einer Filtrationsanlage unter Einsatz des Filterhilfsmittels Kieselgur im Anschwemmverfahren. Das verwendete Filterhilfsmittel wird einmal eingesetzt und nach Gebrauch entsorgt. Jährlich fallen in Deutschland ungefähr 70000t Kieselgur schlamm an. Die Entsorgung dieses Filterstoffes fand auf Deponien oder über die Kanalisation statt. Aufgrund gesetzlicher Regelungen stehen Entsorgungsvarianten nicht mehr zur Verfügung. Um eine weitere Verschärfung der Entsorgungssituation zu vermeiden, wurden in der Brauereibranche verschiedene alternative Filtrations-Konzepte untersucht und umgesetzt.

So hat die Pall GmbH, Anbieter von Filtrations-, Separations- und Purifikationstechnologien gemeinsam mit der Altenburger Brauerei und der Universität Hohenheim ein Verfahren entwickelt, bei dem die Filterhilfsmittel mit organischen Stoffen nach der Filtration nicht mehr vollständig entsorgt werden müssen. Die Innovation dieses Verfahrens ist, dass die Filterhilfsmittel mit Hilfe von Enzymen oder Säure und Lauge regeneriert und wieder zum Filterprozess eingesetzt werden können.

So wird die Umwelt von Abfällen und Entsorgungsschäden verschont. Dieses Verfahren soll die Produktsicherheit, Effizienz und Wirtschaftlichkeit gewährleisten.

Im letzten Schritt wird das nun gefilterte Bier auf Verpackungs-, Abfüll-, Reinigungs- und Etikettenanlagen befüllt. Das Bier wird vor allem in Flaschen und Dosen befüllt. Somit steigt nach dem Verbrauch des Bieres durch den Endverbraucher der Abfall an Altmetall-, Altglas- und Altpapier/-etiketten an, der wiederum entsorgt werden muss. Ein weiter Gesichtspunktes hinsichtlich der Umweltbelastung ist die Veränderung von Marktgegebenheiten und Verbrauchgewohnheiten. Das heißt, dass durch Einführung neuer marktgerechter Gebinde die bisher verwendeten Flaschen entsorgt werden müssten und somit wiederum die Umwelt z.B. durch Gase belasten.

Der Bierherstellungsprozess und die Abfüllung des Bieres, werden durch intensive Reinigungs- und Desinfektionsmaßnahmen begleitet. Diese Reiniger gelangen in das Abwasser und somit direkt in die Umwelt mit den Auswirkungen der Gewässerbelastung und der Veränderung der PH-Werte von Böden.

Der größte Wasserverbrauch fällt aus Qualitäts- und Hygienegründen bei der Reinigung von Fässern, Tanks, Anlagen und Flaschen an.

Viele Brauereien versuchen durch gezielte Mitarbeiterschulung die Reduzierung von Reinigung -und Desinfektionsmitteln und somit den Wasserverbrauch zu reduzieren.

7. Literaturverzeichnis

Böning, J, (2002), Methoden betrieblicher Ökobilanzierung, Metropolis-Verlag, Marburg

Curran, M.A. (1996). Life Cycle Assessment: An International Experience. *Environmental Progress*, 19(2), 65-71

Etterlin G./ Hürsch P. / Topf M. (1999), Ökobilanzen, Ein Leitfaden für die Praxis, Wissenschaftsverlag, Mannheim/Leipzig/Wien/Zürich

Hopfenbeck, W; **Jasch**, C, (2000), Öko-Controlling – Umdenken zahlt sich aus-, verlag Moderne Industrie, Landsberg/Lech

Jasch, C. (1999), Ökobilanzen, Was ist und kann eine Ökobilanz? ,Schriftenreihe 8/1999 des IÖW Wien, Wien

Müller-Wenk, R, (2002), Ökobilanzen für Unternehmungen, Verlag Paul Haupt Bern, Stuttgart/Wien

Sietz, M., **Seuring**, St., (1997), Ökobilanzierung in der betrieblichen Praxis, Eberhard Blottner Verlag, Taunusstein

Sundmacher, Thorsten, (2002), Das Umweltinformationsinstrument Ökobilanz, Peter Lang Verlagsgruppe, Wien

Umweltbundesamt (1995). Methodik der produktbezogenen Ökobilanzen – Wirkungsbilanz und Bewertung, Berlin: Umweltbundesamt

7.1. Internetverzeichnis

http://www.lammsbraeu.de

http://www.uwi.jku.at

http://www.wieninger.de

7.2. Abbildungsverzeichnis

7.3. Abkürzungsverzeichnis

bzw.   beziehungsweise

CML   Centrum voor Milieukunde in Leiden

DIN   Deutsches Institut für Normung

d.h.   das heißt

EIP   Methode Eco-Indikator

EPA   Environmental Protection Agency

etc.   et cetera

GWP   Global Warming potential

ISO   Internationale Organisation für Normung

LCA   Life Cycle Assessment

Repa   Resource and Environmental Profile Analysis

z.B   zum Beispiel

Printed in Poland
by Amazon Fulfillment
Poland Sp. z o.o., Wrocław

29674427R10025